सीताराम

śrīviṣṇusahasranāmastotram
Legacy Book
-
Endowment of Devotion

:

Embellish it with Your

Rama Namas

& Present it to Someone You Love

::

श्रीविष्णुसहस्रनामस्तोत्रम् व राम-नाम माला

Belongs to ______________________________

Presented to ______________________________

____

____

Published by: only **RAMA** only
(an Imprint of e1i1 Corporation)

Title: Vishnu-Sahasra-Nama-Stotram Legacy Book - Endowment of Devotion
Sub-Title: Embellish it with your Rama Namas & present it to someone you love

Identifiers

ISBN: **978-1-945739-83-5** (Paperback)
ISBN: **978-1-945739-84-2** (Hardcover)

—o—

www.e1i1.com -- www.OnlyRama.com
email: e1i1*books*e1i1@gmail.com

Our books can be bought online, or at Amazon, or any bookstore. If a book is not available at your neighborhood bookstore they will be happy to order it for you. (Certain Hardcover Editions may not be immediately available—we apologize)

Some of our Current/Forthcoming Books are listed below. Please note that this is a partial list and that we are continually adding new books. Please visit www.**e1i1**.com / www.**onlyRama**.com for current offerings.

- **Tulsi Ramayana—The Hindu Bible:** Ramcharitmanas with English Translation & Transliteration
- **Ramcharitmanas:** Ramayana of Tulsidas with Transliteration (in English)
- **Ramayana, Large**: Tulsi Ramcharitmanas, Hindi only Edition, Large Font and Paper size
- **Ramayana, Medium**: Tulsi Ramcharitmanas, Hindi only Edition, Medium Font and Paper size
- **Ramayana, Small**: Tulsi Ramcharitmanas, Hindi only Edition, Small Font and Paper size
- **Sundarakanda:** The Fifth-Ascent of Tulsi Ramayana
- **Bhagavad Gita, The Holy Book of Hindus:** Original Sanskrit Text with English Translation & Transliteration
- **Bhagavad Gita (Sanskrit):** Original Sanskrit Text with Transliteration – No Translation –
- **My Bhagavad Gita Journal:** Journal for recording your everyday thoughts alongside the Bhagavad Gita
- **RAMA GOD:** In the Beginning - Upanishad Vidya (Know Thyself)
- **Purling Shadows:** And A Dream Called Life - Upanishad Vidya (Know Thyself)
- **Fiery Circle:** Upanishad Vidya (Know Thyself)
- **Rama Hymns:** Hanuman-Chalisa, Rama-Raksha-Stotra, Bhushumdi-Ramayana, Nama-Ramayanam, Rama-Shata-Nama-Stotra, etc. with Transliteration & English Translation
- **Rama Jayam - Likhita Japam :: Rama-Nama Mala (several):** Rama-Nama Journals for Writing the 'Rama' Name 100,000 Times
- **Tulsi-Ramayana Rama-Nama Mala (multiple volumes):** Legacy Journals for Writing the Rama Name alongside Tulsi Ramayana
- **Legacy Books - Endowment of Devotion (multiple volumes):** Legacy Journals for Writing the Rama Name alongside Sacred Hindu Texts

⌘⌘⌘⌘⌘⌘⌘⌘⌘⌘⌘⌘⌘⌘⌘⌘⌘⌘⌘⌘⌘⌘⌘⌘⌘⌘⌘
⌘⌘⌘⌘⌘⌘⌘⌘⌘⌘⌘⌘⌘⌘⌘⌘⌘⌘⌘⌘⌘⌘⌘⌘⌘⌘⌘

कलिजुग केवल हरि गुन गाहा । गावत नर पावहिं भव थाहा ॥

kalijuga kevala hari guna gāhā, gāvata nara pāvahiṁ bhava thāhā.

कलिजुग जोग न जग्य न ग्याना । एक अधार राम गुन गाना ॥

kalijuga joga na jagya na gyānā, eka adhāra rāma guna gānā.

The only appointed means for the Kali-Yuga is singing the praises of the Lord—just following that simple path people are able to cross this turbulent worldly life. In this Yuga neither Yoga nor Yagya nor Wisdom is of much avail—the only hope is in chanting the Holy-Name राम राम राम.

⌘⌘⌘⌘⌘

In all the four ages; in all times, past, present, or future; in the three spheres of creation—anyone that repeats the name **राम** becomes blessed. The name of Rāma is like the Tree-of-Heaven, and is the centre of all that is good in the world, and whoever meditates upon it verily becomes transformed—even the vile-most turn holy. As Narasingh became manifest to destroy Hiranyākashyap, the enemy of gods, in order to protect Prahlād—so is the Name of Rāma **राम** for the destruction of the wicked and protection of devout.

The chanting of Rāma-Nāma is a direct way to liberation. By repeating the **राम** name—whether in joy or in sadness, in activity or in repose—bliss is diffused all around. According to the Vedas, just as the Sun dispels darkness, the chanting of Rāma-Nāma dispels all the evils and obstacles of life. The Rāma Nāma cures agony and showers the blessings of God; all righteous wishes get fulfilled; jealousy and pride disappear; life becomes imbued with satisfaction and peace; all of life's needs fall in place naturally—just like a miracle of nature guiding nature's forces. You may not always get what you want in the exact same form, but the Rāma-Nāma will sanctify things and bring to you the same needed happiness and bliss in a much more refined and lasting way. Life truly becomes filled with tranquility. With the Rāma-Nāma, an immense sense of inner spiritual wellbeing is experienced apart from a gain of external material happiness.

⌘⌘⌘⌘⌘

राम नाम मनिदीप धरु जीह देहरीं द्वार ।

rāma nāma manidīpa dharu jīha deharīṁ dvāra,

तुलसी भीतर बाहेरहुँ जौं चाहसि उजिआर ॥

tulasī bhītara bāherahum̐ jauṁ cāhasi ujiāra.

O Tulsīdās, place the luminous gem in the shape of the divine name 'Rāma' on the tongue—which is at the threshold, the doorway to the inside—and you will have light both on inside and outside. (i.e. Always chant **राम**, and its radiance will illumine your mind, body, life—all around, everywhere, inside out.)

—⌘⌘⌘⌘⌘⌘⌘⌘⌘⌘—

Rāma Jayam: Journal for writing the Holy-Name **राम**. Once embellished with your Rāma-Nāmas, this Journal-Book will become a priceless treasure which you can present to your loved ones—an unparalleled gift of love, labor, caring, wishing, and above all—Devotion.

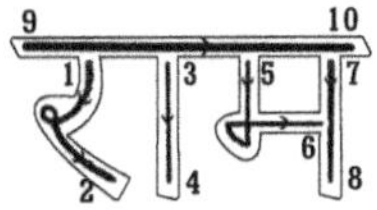

To write **राम** *in Sanskrit, trace the contours 1-2 (which is the sound of* ***r*** *in '__r__un'), 3-4 (the sound* ***__a__*** *in '__a__rk'), 5-6 & 7-8 (the sound* ***__m__*** *in '__m__ust') and lastly mark the top line 9-10. Please note the pronunciation:* **राम** *rhymes with calm.*

नारायणं नमस्कृत्य नरं चैव नरोत्तमम् ।

nārāyaṇaṁ namaskṛtya naraṁ caiva narottamam ,

देवीं सरस्वतीं व्यासं ततो जयमुदीरयेत् ॥

devīṁ sarasvatīṁ vyāsaṁ tato jayamudīrayet .

ॐ

अथ

सकलसौभाग्यदायक
श्रीविष्णुसहस्रनामस्तोत्रम्

om
atha
sakala saubhāgya dāyaka
śrīviṣṇusahasranāmastotram

ॐ

om

शुक्लाम्बरधरं विष्णुं
शशिवर्णं चतुर्भुजम् ।

śuklām baradharaṁ viṣṇuṁ śaśivarṇaṁ catur-bhujam ,

प्रसन्नवदनं ध्यायेत्
सर्वविघ्नोपशान्तये ॥ १ ॥

prasanna vadanaṁ dhyāyet sarva vighnopa-śāntaye . 1.

Today's Date : ____________________

व्यासं वसिष्ठनप्तारं शक्तेः
पौत्रमकल्मषम् ।

vyāsaṁ vasiṣṭhan-aptāraṁ śakteḥ pautrama-kalmaṣam ,

पराशरात्मजं वन्दे
शुकतातं तपोनिधिम् ॥ ३ ॥

parāśar-ātmajaṁ vande śukatātaṁ tapo-nidhim . 3.

व्यासाय विष्णुरूपाय
व्यासरूपाय विष्णवे ।

vyāsāya viṣṇu-rūpāya vyāsa-rūpāya viṣṇave ,

नमो वै ब्रह्मनिधये
वासिष्ठाय नमो नमः ॥ ४ ॥

namo vai brahma-nidhaye vāsiṣṭhāya namo namaḥ . 4.

अविकाराय शुद्धाय

नित्याय परमात्मने।

avikārāya śuddhāya nityāya param-ātmane ,

सदैक रूप रूपाय

विष्णवे सर्वजिष्णवे ॥ ५ ॥

sadaika rūpa rūpāya viṣṇave sarva-jiṣṇave . 5.

यस्य स्मरणमात्रेण

जन्मसंसारबन्धनात्।

yasya smaraṇa-mātreṇa janma-samsāra-bandhanāt ,

विमुच्यते नमस्तस्मै

विष्णवे प्रभविष्णवे ॥ ६ ॥

vimucyate namast-asmai viṣṇave prabha-viṣṇave . 6.

ॐ नमो विष्णवे प्रभविष्णवे

om namo viṣṇave prabha-viṣṇave

Śrī-viṣṇu-sahasra-nāma-stotram

श्रीवैशम्पायन उवाच :

śrīvaiśampāyana uvāca :

श्रुत्वा धर्मानशेषेण
पावनानि च सर्वशः ।
śrutvā dharmāna-śeṣeṇa pāvan-āni ca sarva-śaḥ ,
युधिष्ठिरः शान्तनवं
पुनरेवाभ्यभाषत ॥ ७ ॥
yudhiṣṭhiraḥ śānta-navaṁ punar-evā-bhyabhāṣata . 7.

युधिष्ठिर उवाच :

yudhiṣṭhira uvāca :

किमेकं दैवतं लोके

किं वाप्येकं परायणम् ।

kimekaṁ daivataṁ loke kiṁ vāpyekaṁ parāyaṇam ,

स्तुवन्तः कं कमर्चन्तः

प्राप्नुयुर्मानवाः शुभम् ॥ ८ ॥

stuvantaḥ kaṁ kamarcantaḥ
prāpnuyur-mānavāḥ śubham . 8.

को धर्मः सर्वधर्माणां

भवतः परमो मतः ।

ko dharmaḥ sarva dharmāṇāṁ bhavataḥ paramo mataḥ ,

किं जपन्मुच्यते जन्तुर्जन्म

संसारबन्धनात् ॥ ९ ॥

kiṁ japan-mucyate jantur-janma saṁsāra-bandhanāt . 9.

श्री भीष्म उवाच :

śrī bhīṣma uvāca :

जगत्प्रभुं देवदेवमनन्तं पुरुषोत्तमम् ।

jagatprabhuṁ deva-devam-anantaṁ puruṣ-ottamam ,

स्तुवन् नामसहस्रेण

पुरुषः सततोत्थितः ॥ १० ॥

stuvan nāma-sahasreṇa puruṣaḥ satatot-thitaḥ . 10.

तमेव चार्चयन्नित्यं

भक्त्या पुरुषमव्ययम् ।

tam-eva cārcayan-nityaṁ bhaktyā puruṣam-avyayam ,

ध्यायन् स्तुवन् नमस्यंश्च

यजमानस्तमेव च ॥ ११ ॥

dhyāyan stuvan namasyaṁśca yaja-mānastam-eva ca . 11.

अनादिनिधनं विष्णुं
सर्वलोकमहेश्वरम् ।

anādinidhanaṁ viṣṇuṁ sarva-loka-maheśvaram ,

लोकाध्यक्षं स्तुवन्नित्यं
सर्वदुःखातिगो भवेत् ॥ १२ ॥

lokā-dhyakṣaṁ stuvan-nityaṁ
sarva-duḥkhāti-go bhavet . 12.

ब्रह्मण्यं सर्वधर्मज्ञं
लोकानां कीर्तिवर्धनम् ।

brahmaṇyaṁ sarva-dharma-jñaṁ
lokānāṁ kīrti-vardhanam ,

लोकनाथं महद्भूतं
सर्वभूत भवोद्भवम् ॥ १३ ॥

loka-nāthaṁ mahad-bhūtaṁ
sarva-bhūta bhavo-dbhavam . 13.

एष मे सर्वधर्माणां
धर्मोऽधिकतमो मतः।
eṣa me sarva-dharmā-ṇāṁ dharmo-'dhikatamo mataḥ,
यद्भक्त्या पुण्डरीकाक्षं
स्तवैरर्चेन्नरः सदा॥ १४॥
yad-bhaktyā puṇḍarī-kākṣaṁ stavairar-cennaraḥ sadā . 14.

परमं यो महत्तेजः
परमं यो महत्तपः।
paramaṁ yo mahat-tejaḥ paramaṁ yo mahat-tapaḥ,
परमं यो महद्ब्रह्म
परमं यः परायणम्॥ १५॥
paramaṁ yo mahad-brahma
paramaṁ yaḥ parā-yaṇam . 15.

पवित्राणां पवित्रं यो

मङ्गलानां च मङ्गलम् ।

pavitr-āṇām pavitraṁ yo maṅgalā-nāṁ ca maṅgalam ,

दैवतं दैवतानां च

भूतानां योऽव्ययः पिता ॥ १६ ॥

daivataṁ daivatā-nāṁ ca bhūtā-nāṁ yo'vyayaḥ pitā . 16.

यतः सर्वाणि भूतानि

भवन्त्यादियुगागमे ।

yataḥ sarvāṇi bhūtāni bhavantyādi-yugā-game ,

यस्मिंश्च प्रलयं यान्ति

पुनरेव युगक्षये ॥ १७ ॥

yas-miṁśca pralayaṁ yānti puna-reva yugakṣaye . 17.

तस्य लोकप्रधानस्य

जगन्नाथस्य भूपते।

tasya loka-pradhān-asya jagan-nāth-asya bhūpate ,

विष्णोर्नामसहस्रं मे

श्रृणु पापभयापहम्॥ १८॥

viṣṇor-nāma-sahasraṁ me śṛṇu pāpa-bhayā-paham . 18.

यानि नामानि गौणानि

विख्यातानि महात्मनः।

yāni nāmāni gauṇāni vikhyātāni mahāt-manaḥ ,

ऋषिभिः परिगीतानि

तानि वक्ष्यामि भूतये॥ १९॥

ṛṣibhiḥ pari-gītāni tāni vakṣyāmi bhūtaye . 19.

ऋषिर्नाम्नां सहस्रस्य

वेदव्यासो महामुनिः ॥

ṛṣir-nāmnāṁ sahasr-asya veda-vyāso mahā-muniḥ .

छन्दोऽनुष्टुप् तथा देवो

भगवान् देवकीसुतः ॥ २० ॥

chando'nuṣṭup tathā devo bhagavān devakī-sutaḥ . 20.

अमृतांशूद्भवो बीजं

शक्तिर्देवकिनन्दनः ।

amṛtāṁ-śūdbhavo bījaṁ śaktir-devaki-nandanaḥ ,

त्रिसामा हृदयं तस्य

शान्त्यर्थे विनियोज्यते ॥ २१ ॥

trisāmā hṛdayaṁ tasya śānt-yarthe vini-yojyate . 21.

राम
राम
राम
राम
राम
राम
राम
राम
राम

विष्णुं जिष्णुं महाविष्णुं
प्रभविष्णुं महेश्वरम् ॥

viṣṇuṁ jiṣṇuṁ mahāviṣṇuṁ prabha-viṣṇuṁ maheś-varam .

अनेकरूप दैत्यान्तं
नमामि पुरुषोत्तमं ॥ २२ ॥

aneka-rūpa daityāntaṁ namāmi puruṣ-ottamaṁ . 22 .

राम
राम
राम
राम
राम
राम
राम
राम
राम
राम
राम
राम
राम
राम
राम
राम
राम
राम

न्यासः

nyāsaḥ

ॐ अस्य

श्रीविष्णोर्दिव्यसहस्रनामस्तोत्र

महामन्त्रस्य ।

om asya śrī-viṣṇor-divya-sahasra-nāma-stotra
mahā-mantrasya ,

श्री वेदव्यासो भगवान् ऋषिः ।

śrī veda-vyāso bhagavān ṛṣiḥ ,

अनुष्टुप् छन्दः ।

anuṣṭup chandaḥ ,

श्रीमहाविष्णुः परमात्मा

श्रीमन्नारायणो देवता ।

śrī mahā-viṣṇuḥ paramātmā śrīman-nārāyaṇo devatā ,

Śrī-viṣṇu-sahasra-nāma-stotram

अमृतांशूद्भवो भानुरिति बीजम् ।
amṛtāṁ-śūdbhavo bhānur-iti bījam ,

देवकीनन्दनः स्त्रष्टेति शक्तिः ।
devakī-nandanaḥ sraṣṭ-eti śaktiḥ ,

उद्भवः क्षोभणो देव इति परमो मन्त्रः ।
udbhavaḥ kṣobhaṇo deva iti paramo mantraḥ ,

शङ्खभृन्नन्दकी चक्रीति कीलकम् ।
śaṅkha-bhṛn-nandakī cakr-īti kīlakam ,

शार्ङ्गधन्वा गदाधर इत्यस्त्रम् ।
śārṅ-gadhanvā gadā-dhara ity-astram ,

रथाङ्गपाणिरक्षोभ्य इति नेत्रम् ।
rathāṅga-pāṇir-akṣobhya iti netram ,

त्रिसामा सामगः सामेति कवचम् ।

trisāmā sāmagaḥ sām-eti kavacam ,

आनन्दं परब्रह्मेति योनिः ।

ānandaṁ para-brahm-eti yoniḥ ,

ऋतुः सुदर्शनः काल इति दिग्बन्धः ॥

ṛtuḥ sudarśanaḥ kāla iti dig-bandhaḥ .

श्रीविश्वरूप इति ध्यानम् ।

śrī-viśva-rūpa iti dhyānam ,

श्रीमहाविष्णुप्रीत्यर्थे

सहस्रनामजपे विनियोगः ॥

śrī-mahāviṣṇu-prīt-yarthe sahasra-nāma-jape vini-yogaḥ .

अथ ध्यानम्

atha dhyānam

क्षीरोदन्वत्प्रदेशे
शुचिमणिविलसत्सैकतेमौक्तिकानां

kṣīro-danvat-pradeśe
śuci-maṇi-vilasat-saikater-maukti-kānāṁ

मालाक्लृप्तासनस्थः
स्फटिकमणिनिभैर्मौक्तिकैर्मण्डिताङ्गः ।

mālā-klṛpt-āsana-sthaḥ
sphaṭika-maṇi-nibhair-maukti-kair-maṇḍit-āṅgaḥ ,

शुभ्रैरभ्रैरदभ्रैरुपरिविरचितै
र्मुक्तपीयूषवर्षैः

śubhrair-abhraira-dabhrair-upari-viracitair
mukta-pīyūṣa-varṣaiḥ

आनन्दी नः पुनीयादरिनलिनगदा
शङ्खपाणिर्मुकुन्दः ॥ १ ॥

ānandī-naḥ punīy-ādari-nalina-gadā-śaṅkha-pāṇir-mukundaḥ . 1.

भूः पादौ यस्य नाभिर्वियदसुर
निलश्चन्द्र सूर्यौ च नेत्रे

bhūḥ pādau yasya nābhir-viyada-sura
nilaś-candra sūryau ca netre

कर्णावाशाः शिरो द्यौर्मुखमपि
दहनो यस्य वास्तेयमाब्धिः ।

karṇāvāśāḥ śiro dyaur-mukha-mapi
dahano yasya vāstey-amabdhiḥ ,

अन्तःस्थं यस्य विश्वं
सुरनरखगगोभोगिगन्धर्वदैत्यैः

antaḥ-sthaṁ yasya viśvaṁ
sura-nara-khaga-go-bhogi-gandharva-daityaiḥ

च्चित्रं रंरम्यते तं त्रिभुवन वपुषं
विष्णुमीशं नमामि ॥ २ ॥

citraṁ raṁ-ram-yate taṁ tribhuvana vapuṣaṁ
viṣṇum-īśaṁ namāmi . 2.

ॐ शान्ताकारं भुजगशयनं
पद्मनाभं सुरेशं
om śānt-ākāraṁ bhujaga-śayanaṁ padma-nābhaṁ sureśaṁ
विश्वाधारं गगनसदृशं
मेघवर्णं शुभाङ्गम् ।
viśv-ādhāraṁ gagana-sadṛśaṁ
megha-varṇaṁ śubh-āṅgam ,

लक्ष्मीकान्तं कमलनयनं
योगिभिर्ध्यानगम्यं
lakṣmī-kāntaṁ kamala-nayanaṁ yogi-bhirdhyān-agamyaṁ
वन्दे विष्णुं भवभयहरं
सर्वलोकैकनाथम् ॥ ३ ॥
vande viṣṇuṁ bhava-bhayaharaṁ sarva-lokaika-nātham .3.

मेघश्यामं पीतकौशेयवासं

megha-śyāmaṁ pīta-kauśeya-vāsaṁ

श्रीवत्साङ्कं कौस्तुभोद्भासिताङ्गम् ।

śrī-vats-āṅkaṁ kaustu-bhod-bhāsit-āṅgam ,

पुण्योपेतं पुण्डरीकायताक्षं

puṇyo-petaṁ puṇḍarī-kāyat-ākṣaṁ

विष्णुं वन्दे सर्वलोकैकनाथम् ॥ ४ ॥

viṣṇuṁ-vande-sarvalokaika-nātham . 4.

नमः समस्तभूतानामादिभूताय भूभृते ।

namaḥ samasta-bhūtā-nām-ādi-bhūtāya-bhū-bhṛte ,

अनेकरूपरूपाय विष्णवे प्रभविष्णवे ॥ ५ ॥

aneka-rūpa-rūpāya-viṣṇave-prabha-viṣṇave . 5.

सशङ्खचक्रं सकिरीटकुण्डलं

saśaṅkha-cakraṁ sakirīṭa-kuṇḍalaṁ

सपीतवस्त्रं सरसीरुहेक्षणम् ।

sapīta-vastraṁ sara-sīruhe-kṣaṇam ,

सहारवक्षः स्थलशोभिकौस्तुभं

sahāra-vakṣaḥ sthala-śobhi-kaustubhaṁ

नमामि विष्णुं शिरसा चतुर्भुजम् ॥ ६ ॥

namāmi-viṣṇuṁ-śirasā-caturbhujam . 6:

छायायां पारिजातस्य
हेमसिंहासनोपरि
chāyāyāṁ pāri-jātasya hema-siṁh-āsanopari
आसीनमम्बुदश्यामममायताक्षमलंकृतम् ।
āsīnam-ambuda-śyāmam-āyatākṣam-alaṁ-kṛtam ,
चन्द्राननं चतुर्बाहुं श्रीवत्साङ्कित वक्षसं
candrā-nanaṁ catur-bāhuṁ śrīvats-āṅkita vakṣasaṁ
रुक्मिणी सत्यभामाभ्यां
सहितं कृष्णमाश्रये ॥ ७ ॥
rukmiṇī satya-bhāmā-bhyāṁ sahitaṁ kṛṣṇam-āśraye . 7.

स्तोत्रम्

stotram

ॐ

om

विश्वं विष्णुर्वषट्कारो

भूतभव्यभवत्प्रभुः ।

viśvaṁ viṣṇur-vaṣaṭkāro bhūtabhavya-bhavat-prabhuḥ ,

भूतकृद्भूतभृद्भावो

भूतात्मा भूतभावनः ॥ १ ॥

bhūta-kṛd bhūta-bhṛd bhāvo
bhūt-ātmā bhūta-bhāvanaḥ . 1.

पूतात्मा परमात्मा च

मुक्तानां परमा गतिः ।

pūtātmā param-ātmā ca muktā-nāṁ paramā gatiḥ ,

अव्ययः पुरुषः साक्षी

क्षेत्रज्ञोऽक्षर एव च ॥ २ ॥

avyayaḥ puruṣaḥ sākṣī kṣetrajño-'kṣara eva ca . 2.

योगो योगविदां नेता प्रधानपुरुषेश्वरः ।

yogo yogavidāṁ netā pradhāna-puruṣ-eśvaraḥ ,

नारसिंहवपुः श्रीमान्

केशवः पुरुषोत्तमः ॥ ३ ॥

nāra-siṁha-vapuḥ śrīmān keśavaḥ puruṣ-ottamaḥ . 3.

सर्वः शर्वः शिवः
स्थाणुर्भूतादिर्निधिरव्ययः ।

sarvaḥ śarvaḥ śivaḥ sthāṇur-bhūtādir-nidhira-vyayaḥ ,

सम्भवो भावनो भर्ता
प्रभवः प्रभुरीश्वरः ॥ ४ ॥

sambhavo bhāvano bhartā prabhavaḥ prabhur-īśvaraḥ . 4.

स्वयम्भूः शम्भुरादित्यः
पुष्कराक्षो महास्वनः ।

svayam-bhūḥ śambhur-ādityaḥ
puṣkar-ākṣo mahā-svanaḥ ,

अनादिनिधनो धाता
विधाता धातुरुत्तमः ॥ ५ ॥

anādi-nidhano dhātā vidhātā dhātur-uttamaḥ . 5.

अप्रमेयो हृषीकेशः

पद्मनाभोऽमरप्रभुः ।

aprameyo hṛṣīkeśaḥ padmanābho-'mara-prabhuḥ ,

विश्वकर्मा मनुस्त्वष्टा

स्थविष्ठः स्थविरो ध्रुवः ॥ ६ ॥

viśva-karmā manu-stvaṣṭā sthaviṣṭhaḥ sthaviro dhruvaḥ . 6.

अग्राह्यः शाश्वतः कृष्णो

लोहिताक्षः प्रतर्दनः ।

agrāhyaḥ śāśvataḥ kṛṣṇo lohitākṣaḥ pratardanaḥ ,

प्रभूतस्त्रिककुब्धाम

पवित्रं मङ्गलं परम् ॥ ७ ॥

prabhūtas trikakub-dhāma pavitraṁ maṅgalaṁ param . 7.

ईशानः प्राणदः प्राणो

ज्येष्ठः श्रेष्ठः प्रजापतिः ।

īśānaḥ prāṇadaḥ prāṇo jyeṣṭhaḥ śreṣṭhaḥ prajāpatiḥ ,

हिरण्यगर्भो भूगर्भो

माधवो मधुसूदनः ॥ ८ ॥

hiraṇya-garbho bhū-garbho mādhavo madhu-sūdanaḥ . 8.

ईश्वरो विक्रमी धन्वी

मेधावी विक्रमः क्रमः ।

īśvaro vikramī dhanvī medhāvī vikramaḥ kramaḥ ,

अनुत्तमो दुराधर्षः

कृतज्ञः कृतिरात्मवान् ॥ ९ ॥

anuttamo durādharṣaḥ kṛtajñaḥ kṛtir-ātmavān . 9.

सुरेशः शरणं शर्म
विश्वरेताः प्रजाभवः ।

sureśaḥ śaraṇaṁ śarma viśvaretāḥ prajābhavaḥ ,

अहः संवत्सरो व्यालः
प्रत्ययः सर्वदर्शनः ॥ १० ॥

ahaḥ saṁvatsaro vyālaḥ pratyayaḥ sarva-darśanaḥ . 10.

अजः सर्वेश्वरः सिद्धः
सिद्धिः सर्वादिरच्युतः ।

ajaḥ sarv-eśvaraḥ siddhaḥ siddhiḥ sarvā-diracyutaḥ ,

वृषाकपिरमेयात्मा
सर्वयोगविनिःसृतः ॥ ११ ॥

vṛṣā-kapir ameyātmā sarva-yoga-viniḥ-sṛtaḥ . 11.

वसुर्वसुमनाः सत्यः

समात्माऽसम्मितः समः ।

vasurva-sumanāḥ satyaḥ samātmā-'sammitaḥ samaḥ ,

अमोघः पुण्डरीकाक्षो

वृषकर्मा वृषाकृतिः ॥ १२ ॥

amoghaḥ puṇḍarī-kākṣo vṛṣa-karmā vṛṣā-kṛtiḥ . 12.

रुद्रो बहुशिरा बभ्रु

र्विश्वयोनिः शुचिश्रवाः ।

rudro bahu-śirā babhrur-viśvayoniḥ śuci-śravāḥ ,

अमृतः शाश्वतस्थाणु

र्वरारोहो महातपाः ॥ १३ ॥

amṛtaḥ śāśvata-sthāṇur-varāroho mahātapāḥ . 13.

सर्वगः सर्वविद्भानु
र्विष्वक्सेनो जनार्दनः ।
sarvagaḥ sarvavid-bhānur-viṣvakseno janārdanaḥ ,
वेदो वेदविदव्यङ्गो
वेदाङ्गो वेदवित् कविः ॥ १४ ॥
vedo vedavid-avyaṅgo vedāṅgo vedavit kaviḥ . 14.

लोकाध्यक्षः सुराध्यक्षो
धर्माध्यक्षः कृताकृतः ।
lokā-dhyakṣaḥ surā-dhyakṣo dharmā-dhyakṣaḥ kṛtākṛtaḥ ,
चतुरात्मा
चतुर्व्यूहश्चतुर्दंष्ट्रश्चतुर्भुजः ॥ १५ ॥
catur-ātmā catur-vyūhaś-catur-daṁṣṭraś-catur-bhujaḥ . 15.

भ्राजिष्णुर्भोजनं भोक्ता

सहिष्णुर्जगदादिजः ।

bhrājiṣṇur-bhojanaṁ bhoktā sahiṣṇur-jagad-ādijaḥ ,

अनघो विजयो जेता

विश्वयोनिः पुनर्वसुः ॥ १६ ॥

anagho vijayo jetā viśvayoniḥ punarvasuḥ . 16.

उपेन्द्रो वामनः

प्रांशुरमोघः शुचिरूर्जितः ।

upendro vāmanaḥ prāṁśur-amoghaḥ śucirūrjitaḥ ,

अतीन्द्रः सङ्ग्रहः सर्गो

धृतात्मा नियमो यमः ॥ १७ ॥

atīndraḥ saṅgrahaḥ sargo dhṛt-ātmā niyamo yamaḥ . 17.

Śrī-viṣṇu-sahasra-nāma-stotram

वेद्यो वैद्यः सदायोगी
वीरहा माधवो मधुः ।

vedyo vaidyaḥ sadā-yogī vīrahā mādhavo madhuḥ ,

अतीन्द्रियो महामायो
महोत्साहो महाबलः ॥ १८ ॥

atīndriyo mahā-māyo mahotsāho mahābalaḥ . 18.

महाबुद्धिर्महावीर्यो
महाशक्तिर्महाद्युतिः ।

mahā-buddhir mahā-vīryo mahā-śaktir mahā-dyutiḥ ,

अनिर्देश्यवपुः श्रीमानमेयात्मा
महाद्रिधृक् ॥ १९ ॥

anirdeśya-vapuḥ śrīmān-ameyātmā mahādridhṛk . 19.

महेष्वासो महीभर्ता
श्रीनिवासः सतां गतिः ।

maheṣvāso mahībhartā śrīnivāsaḥ satāṁ gatiḥ ,

अनिरुद्धः सुरानन्दो
गोविन्दो गोविदां पतिः ॥ २० ॥

aniruddhaḥ surānando govindo govidāṁ patiḥ . 20.

मरीचिर्दमनो हंसः
सुपर्णो भुजगोत्तमः ।

marīcir-damano haṁsaḥ suparṇo bhuja-gottamaḥ ,

हिरण्यनाभः सुतपाः
पद्मनाभः प्रजापतिः ॥ २१ ॥

hiraṇya-nābhaḥ sutapāḥ padma-nābhaḥ prajāpatiḥ . 21.

अमृत्युः सर्वदृक् सिंहः
सन्धाता सन्धिमान् स्थिरः ।

amṛtyuḥ sarvadṛk siṁhaḥ sandhātā sandhimān sthiraḥ ,

अजो दुर्मर्षणः शास्ता
विश्रुतात्मा सुरारिहा ॥ २२ ॥

ajo durmarṣaṇaḥ śāstā viśrut-ātmā surārihā . 22.

गुरुर्गुरुतमो धाम
सत्यः सत्यपराक्रमः ।

gurur-gurutamo dhāma satyaḥ satya-parākramaḥ ,

निमिषोऽनिमिषः स्रग्वी
वाचस्पतिरुदारधीः ॥ २३ ॥

nimiṣo'nimiṣaḥ sragvī vācas-patir-udāra-dhīḥ . 23.

अग्रणीर्ग्रामणीः श्रीमान् न्यायो
नेता समीरणः ।
agraṇīr-grāmaṇīḥ śrīmān nyāyo netā samīraṇaḥ ,
सहस्रमूर्धा विश्वात्मा
सहस्राक्षः सहस्रपात् ॥ २४ ॥
sahasra-mūrdhā viśvātmā sahasr-ākṣaḥ sahasra-pāt . 24.

आवर्तनो निवृत्तात्मा
संवृतः सम्प्रमर्दनः ।
āvartano nivṛtt-ātmā saṁ-vṛtaḥ sam-pramardanaḥ ,
अहः संवर्तको वह्निरनिलो
धरणीधरः ॥ २५ ॥
ahaḥ saṁvartako vahnir-anilo dharaṇī-dharaḥ . 25.

राम राम

सुप्रसादः प्रसन्नात्मा
विश्वधृग्विश्वभुग्विभुः ।
suprasādaḥ prasann-ātmā viśva-dhṛg-viśvabhug-vibhuḥ ,
सत्कर्ता सत्कृतः
साधुर्जह्नुर्नारायणो नरः ॥ २६ ॥
satkartā satkṛtaḥ sādhur-jahnur-nārāyaṇo naraḥ . 26.

असङ्ख्येयोऽप्रमेयात्मा
विशिष्टः शिष्टकृच्छुचिः ।
asaṅkhyeyo-'prameyātmā viśiṣṭaḥ śiṣṭa-kṛc-chuciḥ ,
सिद्धार्थः सिद्धसङ्कल्पः
सिद्धिदः सिद्धिसाधनः ॥ २७ ॥
siddh-ārthaḥ siddha-saṅkalpaḥ siddhidaḥ siddhi-sādhanaḥ . 27.

वृषाही वृषभो
विष्णुर्वृषपर्वा वृषोदरः ।
vṛṣāhī vṛṣabho viṣṇur-vṛṣa-parvā vṛṣodaraḥ ,
वर्धनो वर्धमानश्च
विविक्तः श्रुतिसागरः ॥ २८ ॥
vardhano vardha-mānaśca viviktaḥ śruti-sāgaraḥ . 28.

सुभुजो दुर्धरो वाग्मी
महेन्द्रो वसुदो वसुः ।
subhujo durdharo vāgmī mahendro vasudo vasuḥ ,
नैकरूपो बृहद्रूपः
शिपिविष्टः प्रकाशनः ॥ २९ ॥
naika-rūpo bṛhad-rūpaḥ śipi-viṣṭaḥ prakāśanaḥ . 29.

ओजस्तेजोद्युतिधरः

प्रकाशात्मा प्रतापनः ।

ojas-tejo-dyuti-dharaḥ prakāśātmā pratāpanaḥ ,

ऋद्धः स्पष्टाक्षरो

मन्त्रश्चन्द्रांशुर्भास्करद्युतिः ॥ ३० ॥

ṛddhaḥ spaṣṭ-ākṣaro mantraś-candrāṁśur-bhāskara-dyutiḥ . 30.

अमृतांशूद्भवो भानुः

शशबिन्दुः सुरेश्वरः ।

amṛtāṁ-śūdbhavo bhānuḥ śaśa-binduḥ sureśvaraḥ ,

औषधं जगतः सेतुः

सत्यधर्मपराक्रमः ॥ ३१ ॥

auṣadhaṁ jagataḥ setuḥ satya-dharma-parākramaḥ . 31.

भूतभव्यभवन्नाथः

पवनः पावनोऽनलः ।

bhūta-bhavya-bhavan-nāthaḥ pavanaḥ pāvano-'nalaḥ ,

कामहा कामकृत्कान्तः

कामः कामप्रदः प्रभुः ॥ ३२ ॥

kāmahā kāma-kṛtkāntaḥ kāmaḥ kāma-pradaḥ prabhuḥ . 32.

युगादिकृद्युगावर्तो

नैकमायो महाशनः ।

yugādi-kṛd-yugāvarto naika-māyo mahāśanaḥ ,

अदृश्यो व्यक्तरूपश्च

सहस्रजिदनन्तजित् ॥ ३३ ॥

adṛśyo vyakta-rūpaśca sahasrajid-anantajit . 33.

इष्टोऽविशिष्टः शिष्टेष्टः

शिखण्डी नहुषो वृषः ।

iṣṭo'viśiṣṭaḥ śiṣṭeṣṭaḥ śikhaṇḍī nahuṣo vṛṣaḥ ,

क्रोधहा क्रोधकृत्कर्ता

विश्वबाहुर्महीधरः ॥ ३४ ॥

krodhahā krodha-kṛt-kartā viśva-bāhur-mahīdharaḥ . 34.

अच्युतः प्रथितः प्राणः

प्राणदो वासवानुजः ।

acyutaḥ prathitaḥ prāṇaḥ prāṇado vāsavānujaḥ ,

अपांनिधिरधिष्ठानमप्रमत्तः

प्रतिष्ठितः ॥ ३५ ॥

apāṁ-nidhir-adhiṣṭhānam-apramattaḥ pratiṣṭhitaḥ . 35.

स्कन्दः स्कन्दधरो धुर्यो

वरदो वायुवाहनः ।

skandaḥ skanda-dharo dhuryo varado vāyu-vāhanaḥ ,

वासुदेवो बृहद्भानुरादिदेवः

पुरन्दरः ॥ ३६ ॥

vāsudevo bṛhad-bhānur-ādidevaḥ purandaraḥ . 36.

अशोकस्तारणस्तारः

शूरः शौरिर्जनेश्वरः ।

aśokas-tāraṇas-tāraḥ śūraḥ śaurir-janeśvaraḥ ,

अनुकूलः शतावर्तः

पद्मी पद्मनिभेक्षणः ॥ ३७ ॥

anukūlaḥ śatāva-rtaḥ padmī padma-nibhekṣaṇaḥ . 37.

Śrī-viṣṇu-sahasra-nāma-stotram

पद्मनाभोऽरविन्दाक्षः

पद्मगर्भः शरीरभृत् ।

padmanābho-'ravindākṣaḥ padma-garbhaḥ śarīra-bhṛt ,

महर्द्धिरृद्धो वृद्धात्मा

महाक्षो गरुडध्वजः ॥ ३८ ॥

mahardddhir-ṛddho vṛddh-ātmā
mahākṣo garuḍa-dhvajaḥ . 38.

अतुलः शरभो भीमः

समयज्ञो हविर्हरिः ।

atulaḥ śarabho bhīmaḥ sama-yajño havir-hariḥ ,

सर्वलक्षणलक्षण्यो

लक्ष्मीवान् समितिञ्जयः ॥ ३९ ॥

sarva-lakṣaṇa-lakṣaṇyo lakṣmī-vān samitiñjayaḥ . 39.

विक्षरो रोहितो मार्गो

हेतुर्दामोदरः सहः ।

vikṣaro rohito mārgo hetur-dāmodaraḥ sahah ,

महीधरो महाभागो

वेगवानमिताशनः ॥ ४० ॥

mahīdharo mahābhāgo vega-vāna-mitāśanaḥ . 40.

उद्भवः क्षोभणो देवः

श्रीगर्भः परमेश्वरः ।

udbhavaḥ kṣobhaṇo devaḥ śrī-garbhaḥ param-eśvaraḥ ,

करणं कारणं कर्ता

विकर्ता गहनो गुहः ॥ ४१ ॥

karaṇaṁ kāraṇaṁ kartā vikartā gahano guhaḥ . 41.

व्यवसायो व्यवस्थानः
संस्थानः स्थानदो ध्रुवः ।

vyavasāyo vyavas-thānaḥ saṁs-thānaḥ sthānado dhruvaḥ ,

परर्द्धिः परमस्पष्टस्तुष्टः
पुष्टः शुभेक्षणः ॥ ४२ ॥

pararddhiḥ parama-spaṣṭa-stuṣṭaḥ
puṣṭaḥ śubh-ekṣaṇaḥ . 42.

रामो विरामो विरजो
मार्गो नेयो नयोऽनयः ।

rāmo virāmo virajo mārgo neyo nayo'nayaḥ ,

वीरः शक्तिमतां श्रेष्ठो
धर्मो धर्मविदुत्तमः ॥ ४३ ॥

vīraḥ śakti-matāṁ śreṣṭho
dharmo dharma-vid-uttamaḥ . 43.

वैकुण्ठः पुरुषः प्राणः

प्राणदः प्रणवः पृथुः ।

vaikuṇṭhaḥ puruṣaḥ prāṇaḥ prāṇadaḥ praṇavaḥ pṛthuḥ ,

हिरण्यगर्भः शत्रुघ्नो

व्याप्तो वायुरधोक्षजः ॥ ४४ ॥

hiraṇya-garbhaḥ śatru-ghno vyāpto vāyura-dhokṣajaḥ . 44.

ऋतुः सुदर्शनः कालः

परमेष्ठी परिग्रहः ।

ṛtuḥ sudarśanaḥ kālaḥ param-eṣṭhī pari-grahaḥ ,

उग्रः संवत्सरो दक्षो

विश्रामो विश्वदक्षिणः ॥ ४५ ॥

ugraḥ saṁvatsaro dakṣo viśrāmo viśva-dakṣiṇaḥ . 45.

विस्तारः स्थावरस्थाणुः
प्रमाणं बीजमव्ययम् ।

vistāraḥ sthāvara-sthāṇuḥ pramāṇaṁ bījam-avyayam ,

अर्थोऽनर्थो महाकोशो
महाभोगो महाधनः ॥ ४६ ॥

artho-'nartho mahā-kośo mahā-bhogo mahā-dhanaḥ . 46.

अनिर्विण्णः स्थविष्ठोऽभूर्धर्मयूपो
महामखः ।

anirviṇṇaḥ sthaviṣṭho-'bhūr-dharma-yūpo mahā-makhaḥ ,

नक्षत्रनेमिर्नक्षत्री
क्षमः क्षामः समीहनः ॥ ४७ ॥

nakṣatra-nemir-nakṣatrī kṣamaḥ kṣāmaḥ samīhanaḥ . 47.

यज्ञ इज्यो महेज्यश्च

क्रतुः सत्रं सतां गतिः ।

yajña ijyo mahejyaśca kratuḥ satraṁ satāṁ gatiḥ ,

सर्वदर्शी विमुक्तात्मा

सर्वज्ञो ज्ञानमुत्तमम् ॥ ४८ ॥

sarva-darśī vimukt-ātmā sarvajño jñānam-uttamam . 48.

सुव्रतः सुमुखः सूक्ष्मः

सुघोषः सुखदः सुहृत् ।

suvrataḥ sumukhaḥ sūkṣmaḥ sughoṣaḥ sukhadaḥ suhṛt ,

मनोहरो जितक्रोधो

वीरबाहुर्विदारणः ॥ ४९ ॥

manoharo jita-krodho vīra-bāhur-vidāraṇaḥ . 49.

स्वापनः स्ववशो व्यापी
नैकात्मा नैककर्मकृत् ।

svāpanaḥ svavaśo vyāpī naikātmā naika-karmakṛt ,

वत्सरो वत्सलो वत्सी
रत्नगर्भो धनेश्वरः ॥ ५० ॥

vatsaro vatsalo vatsī ratna-garbho dhaneśvaraḥ . 50.

धर्मगुब्धर्मकृद्धर्मी सदसत्क्षरमक्षरम् ।

dharma-gub dharma-kṛd-dharmī
sadasatkṣaram-akṣaram ,

अविज्ञाता सहस्रांशुर्विधाता
कृतलक्षणः ॥ ५१ ॥

avijñātā sahasrāṁśur-vidhātā kṛta-lakṣaṇaḥ . 51.

गभस्तिनेमिः सत्त्वस्थः

सिंहो भूतमहेश्वरः ।

gabhastinemiḥ sattvasthaḥ siṁho bhūtamaheśvaraḥ ,

आदिदेवो महादेवो

देवेशो देवभृद्गुरुः ॥ ५२ ॥

ādidevo mahādevo deveśo deva-bhṛd-guruḥ . 52.

उत्तरो गोपतिर्गोप्ता

ज्ञानगम्यः पुरातनः ।

uttaro gopatir-goptā jñāna-gamyaḥ purātanaḥ ,

शरीरभूतभृद्भोक्ता

कपीन्द्रो भूरिदक्षिणः ॥ ५३ ॥

śarīra-bhūta-bhṛdbhoktā kapīndro bhūri-dakṣiṇaḥ . 53.

सोमपोऽमृतपः सोमः
पुरुजित्पुरुसत्तमः ।
somapo-'mṛtapaḥ somaḥ purujit-puru-sattamaḥ ,
विनयो जयः सत्यसन्धो
दाशार्हः सात्वताम्पतिः ॥ ५४ ॥
vinayo jayaḥ satya-sandho dāśārhaḥ sātvatām-patiḥ . 54.

जीवो विनयिता साक्षी
मुकुन्दोऽमितविक्रमः ।
jīvo vinayitā sākṣī mukundo-'mita-vikramaḥ ,
अम्भोनिधिरनन्तात्मा
महोदधिशयोऽन्तकः ॥ ५५ ॥
ambho-nidhir-anantātmā maho-dadhi-śayo'ntakaḥ . 55.

अजो महार्हः स्वाभाव्यो

जितामित्रः प्रमोदनः ।

ajo mahārhaḥ svābhāvyo jitāmitraḥ pramodanaḥ ,

आनन्दो नन्दनो नन्दः

सत्यधर्मा त्रिविक्रमः ॥ ५६ ॥

ānando nandano nandaḥ satya-dharmā trivikramaḥ . 56.

महर्षिः कपिलाचार्यः

कृतज्ञो मेदिनीपतिः ।

maharṣiḥ kapilācāryaḥ kṛtajño medinī-patiḥ ,

त्रिपदस्त्रिदशाध्यक्षो

महाशृङ्गः कृतान्तकृत् ॥ ५७ ॥

tri-padas-tri-daśādhyakṣo mahā-śṛṅgaḥ kṛtānta-kṛt . 57.

Today's Date :

महावराहो गोविन्दः
सुषेणः कनकाङ्गदी ।
mahā-varāho govindaḥ suṣeṇaḥ kanakāṅgadī ,
गुह्यो गभीरो गहनो
गुप्तश्चक्रगदाधरः ॥ ५८ ॥
guhyo gabhīro gahano guptaś-cakra-gadā-dharaḥ . 58.

वेधाः स्वाङ्गोऽजितः कृष्णो
दृढः सङ्कर्षणोऽच्युतः ।
vedhāḥ svāṅgo-'jitaḥ kṛṣṇo dṛḍhaḥ saṅkarṣaṇo-'cyutaḥ ,
वरुणो वारुणो वृक्षः
पुष्कराक्षो महामनाः ॥ ५९ ॥
varuṇo vāruṇo vṛkṣaḥ puṣkarākṣo mahā-manāḥ . 59.

भगवान् भगहाऽऽनन्दी

वनमाली हलायुधः ।

bhagavān bhagah-ā''nandī vana-mālī halā-yudhaḥ ,

आदित्यो ज्योतिरादित्यः

सहिष्णुर्गतिसत्तमः ॥ ६० ॥

ādityo jyotir-ādityaḥ sahiṣṇur-gati-sattamaḥ . 60.

सुधन्वा खण्डपरशुर्दारुणो

द्रविणप्रदः ।

sudhanvā khaṇḍa-paraśur dāruṇo draviṇa-pradaḥ ,

दिवस्पृक् सर्वदृग्व्यासो

वाचस्पतिरयोनिजः ॥ ६१ ॥

divas-pṛk sarvadṛg-vyāso vācaspatir-ayonijaḥ . 61.

त्रिसामा सामगः साम

निर्वाणं भेषजं भिषक् ।

trisāmā sāmagaḥ sāma nirvāṇaṁ bheṣajaṁ bhiṣak ,

संन्यासकृच्छमः शान्तो

निष्ठा शान्तिः परायणम् ॥ ६२ ॥

saṁnyāsa-kṛcchamaḥ śānto niṣṭhā śāntiḥ parāyaṇam . 62.

शुभाङ्गः शान्तिदः स्रष्टा

कुमुदः कुवलेशयः ।

śubhāṅgaḥ śāntidaḥ sraṣṭā kumudaḥ kuvaleśayaḥ ,

गोहितो गोपतिर्गोप्ता

वृषभाक्षो वृषप्रियः ॥ ६३ ॥

gohito gopatir-goptā vṛṣabhākṣo vṛṣapriyaḥ . 63.

अनिवर्ती निवृत्तात्मा

सङ्क्षेप्ता क्षेमकृच्छिवः ।

anivartī nivṛtt-ātmā saṅkṣeptā kṣemakṛc-chivaḥ ,

श्रीवत्सवक्षाः श्रीवासः

श्रीपतिः श्रीमतां वरः ॥ ६४ ॥

śrīvatsa-vakṣāḥ śrīvāsaḥ śrīpatiḥ śrīmatāṁ-varaḥ . 64.

श्रीदः श्रीशः श्रीनिवासः

श्रीनिधिः श्रीविभावनः ।

śrīdaḥ śrīśaḥ śrīnivāsaḥ śrīnidhiḥ śrī-vibhāvanaḥ ,

श्रीधरः श्रीकरः श्रेयः

श्रीमाँल्लोकत्रयाश्रयः ॥ ६५ ॥

śrīdharaḥ śrīkaraḥ śreyaḥ śrīmām̐llokatray-āśrayaḥ . 65.

स्वक्षः स्वङ्गः शतानन्दो
नन्दिर्ज्योतिर्गणेश्वरः ।

svakṣaḥ svaṅgaḥ śatānando nandir-jyotir-gaṇeśvaraḥ ,

विजितात्माऽविधेयात्मा
सत्कीर्तिश्छिन्नसंशयः ॥ ६६ ॥

vijit-ātmā'vidhey-ātmā satkīrtiś-chinna-saṁśayaḥ . 66.

उदीर्णः सर्वतश्चक्षुरनीशः
शाश्वतस्थिरः ।

udīrṇaḥ sarvataś-cakṣur-anīśaḥ śāśvata-sthiraḥ ,

भूशयो भूषणो भूतिर्विशोकः
शोकनाशनः ॥ ६७ ॥

bhūśayo bhūṣaṇo bhūtir-viśokaḥ śoka-nāśanaḥ . 67.

अर्चिष्मानर्चितः कुम्भो

विशुद्धात्मा विशोधनः ।

arciṣmān-arcitaḥ kumbho viśuddh-ātmā viśodhanaḥ ,

अनिरुद्धोऽप्रतिरथः

प्रद्युम्नोऽमितविक्रमः ॥ ६८ ॥

aniruddho'pratirathaḥ pradyumno-'mitavikramaḥ . 68.

कालनेमिनिहा वीरः

शौरिः शूरजनेश्वरः ।

kālanemi-nihā vīraḥ śauriḥ śūra-janeśvaraḥ ,

त्रिलोकात्मा त्रिलोकेशः

केशवः केशिहा हरिः ॥ ६९ ॥

trilok-ātmā trilok-eśaḥ keśavaḥ keśihā hariḥ . 69.

कामदेवः कामपालः

कामी कान्तः कृतागमः ।

kāmadevaḥ kāmapālaḥ kāmī kāntaḥ kṛtāgamaḥ ,

अनिर्देश्यवपुर्विष्णुर्वीरोऽनन्तो

धनञ्जयः ॥ ७० ॥

anirdeśya-vapur-viṣṇur-vīro-'nanto dhanañjayaḥ . 70.

ब्रह्मण्यो ब्रह्मकृद् ब्रह्मा

ब्रह्म ब्रह्मविवर्धनः ।

brahmaṇyo brahma-kṛd brahmā brahma
brahma-vivardhanaḥ ,

ब्रह्मविद् ब्राह्मणो ब्रह्मी

ब्रह्मज्ञो ब्राह्मणप्रियः ॥ ७१ ॥

brahma-vid brāhmaṇo brahmī brahmajño
brāhmaṇa-priyaḥ . 71.

महाक्रमो महाकर्मा
महातेजा महोरगः ।
mahā-kramo mahā-karmā mahā-tejā maho-ragaḥ ,
महाक्रतुर्महायज्वा
महायज्ञो महाहविः ॥ ७२ ॥
mahā-kratur-mahā-yajvā mahā-yajño mahā-haviḥ . 72.

स्तव्यः स्तवप्रियः स्तोत्रं
स्तुतिः स्तोता रणप्रियः ।
stavyaḥ stava-priyaḥ stotraṁ stutiḥ stotā raṇa-priyaḥ ,
पूर्णः पूरयिता पुण्यः
पुण्यकीर्तिरनामयः ॥ ७३ ॥
pūrṇaḥ pūrayitā puṇyaḥ puṇya-kīrtira-nāmayaḥ . 73.

Śrī-viṣṇu-sahasra-nāma-stotram

मनोजवस्तीर्थकरो वसुरेता वसुप्रदः ।

manojavas-tīrtha-karo vasu-retā vasu-pradaḥ ,

वसुप्रदो वासुदेवो

वसुर्वसुमना हविः ॥ ७४ ॥

vasu-prado vāsu-devo vasur-vasumanā haviḥ . 74.

सद्गतिः सत्कृतिः सत्ता

सद्भूतिः सत्परायणः ।

sad-gatiḥ sat-kṛtiḥ sattā sad-bhūtiḥ sat-parāyaṇaḥ ,

शूरसेनो यदुश्रेष्ठः

सन्निवासः सुयामुनः ॥ ७५ ॥

śūra-seno yadu-śreṣṭhaḥ san-nivāsaḥ suyā-munaḥ . 75.

भूतावासो वासुदेवः

सर्वासुनिलयोऽनलः ।

bhūt-āvāso vāsu-devaḥ sarvā-sunilayo-'nalaḥ ,

दर्पहा दर्पदो दृप्तो

दुर्धरोऽथापराजितः ॥ ७६ ॥

darpahā darpado dṛpto durdharo-'thā-parājitaḥ . 76.

विश्वमूर्तिर्महामूर्तिर्दीप्तमूर्तिरमूर्तिमान् ।

viśva-mūrtir-mahā-mūrtir-dīpta-mūrtir-amūrti-mān ,

अनेकमूर्तिरव्यक्तः

शतमूर्तिः शताननः ॥ ७७ ॥

aneka-mūrtir-avyaktaḥ śatamūrtiḥ śatānanaḥ . 77.

एको नैकः सवः कः किं
यत् तत्पदमनुत्तमम् ।

eko naikaḥ savaḥ kaḥ kiṁ yat tat-padam-anuttamam ,

लोकबन्धुर्लोकनाथो
माधवो भक्तवत्सलः ॥ ७८ ॥

loka-bandhur-loka-nātho mādhavo bhakta-vatsalaḥ . 78.

सुवर्णवर्णो हेमाङ्गो
वराङ्गश्चन्दनाङ्गदी ।

suvarṇa-varṇo hem-āṅgo varāṅgaś-canda-nāṅgadī ,

वीरहा विषमः शून्यो
घृताशीरचलश्चलः ॥ ७९ ॥

vīrahā viṣamaḥ śūnyo ghṛtāśīr-acalaś-calaḥ . 79.

अमानी मानदो मान्यो
लोकस्वामी त्रिलोकधृक् ।

amānī mānado mānyo lokasvāmī triloka-dhṛk ,

सुमेधा मेधजो धन्यः
सत्यमेधा धराधरः ॥ ८० ॥

sumedhā medhajo dhanyaḥ
satya-medhā dharā-dharaḥ . 80.

तेजोवृषो द्युतिधरः सर्वशस्त्रभृतां वरः ।

tejo-vṛṣo dyuti-dharaḥ sarva-śastra-bhṛtāṁ varaḥ ,

प्रग्रहो निग्रहो व्यग्रो
नैकशृङ्गो गदाग्रजः ॥ ८१ ॥

pragraho nigraho vyagro naika-śṛṅgo gadā-grajaḥ . 81.

Today's Date :

चतुर्मूर्तिश्चतुर्बाहुश्चतुर्व्यूहश्चतुर्गतिः ।

catur-mūrti-ścatur-bāhu-ścatur-vyūha-ścatur-gatiḥ ,

चतुरात्मा

चतुर्भावश्चतुर्वेदविदेकपात् ॥ ८२ ॥

catur-ātmā catur-bhāva-ścatur-veda-vid-ekapāt . 82.

समावर्तोऽनिवृत्तात्मा

दुर्जयो दुरतिक्रमः ।

sam-āvarto-'nivṛtt-ātmā durjayo durati-kramaḥ ,

दुर्लभो दुर्गमो दुर्गो

दुरावासो दुरारिहा ॥ ८३ ॥

dur-labho dur-gamo durgo dur-āvāso dur-ārihā . 83.

शुभाङ्गो लोकसारङ्गः

सुतन्तुस्तन्तुवर्धनः ।

śubhāṅgo loka-sāraṅgaḥ sutantu-stantu-vardhanaḥ ,

इन्द्रकर्मा महाकर्मा

कृतकर्मा कृतागमः ॥ ८४ ॥

indra-karmā mahā-karmā kṛta-karmā kṛtāgamaḥ . 84.

उद्भवः सुन्दरः सुन्दो

रत्ननाभः सुलोचनः ।

udbhavaḥ sundaraḥ sundo ratna-nābhaḥ sulocanaḥ ,

अर्को वाजसनः शृङ्गी

जयन्तः सर्वविज्जयी ॥ ८५ ॥

arko vāja-sanaḥ śṛṅgī jayantaḥ sarva-vijjayī . 85.

सुवर्णबिन्दुरक्षोभ्यः सर्ववागीश्वरेश्वरः।

suvarṇa-bindur-akṣobhyaḥ sarva-vāgīśvar-eśvaraḥ ,

महाह्रदो महागर्तो

महाभूतो महानिधिः ॥ ८६ ॥

mahā-hrado mahā-garto mahā-bhūto mahā-nidhiḥ . 86.

कुमुदः कुन्दरः कुन्दः

पर्जन्यः पावनोऽनिलः।

kumudaḥ kundaraḥ kundaḥ parjanyaḥ pāvano-'nilaḥ ,

अमृताशोऽमृतवपुः

सर्वज्ञः सर्वतोमुखः ॥ ८७ ॥

amṛtāśo-'mṛta-vapuḥ sarvajñaḥ sarvato-mukhaḥ . 87.

सुलभः सुव्रतः सिद्धः

शत्रुजिच्छत्रुतापनः ।

sulabhaḥ suvrataḥ siddhaḥ śatru-jic-chatru-tāpanaḥ ,

न्यग्रोधोऽदुम्बरोऽश्वत्थश्चाणूरान्ध्र

निषूदनः ॥ ८८ ॥

nyagro-dho-'dumbaro-'śvattha-ścāṇūr-āndhra
niṣūdanaḥ . 88.

सहस्रार्चिः सप्तजिह्वः

सप्तैधाः सप्तवाहनः ।

sahasr-ārciḥ sapta-jihvaḥ sapt-aidhāḥ sapta-vāhanaḥ ,

अमूर्तिरनघोऽचिन्त्यो

भयकृद्भयनाशनः ॥ ८९ ॥

amūrtir-anagho-'cintyo bhaya-kṛd-bhaya-nāśanaḥ . 89.

राम राम

अणुर्बृहत्कृशः स्थूलो
गुणभृन्निर्गुणो महान्।

aṇur-bṛhat-kṛśaḥ sthūlo guṇa-bhṛn-nirguṇo mahān ,

अधृतः स्वधृतः स्वास्यः
प्राग्वंशो वंशवर्धनः ॥ ९० ॥

adhṛtaḥ svadhṛtaḥ svāsyaḥ prāg-vaṁśo vaṁśa-vardhanaḥ . 90.

भारभृत् कथितो योगी
योगीशः सर्वकामदः।

bhāra-bhṛt kathito yogī yogī-śaḥ sarva-kāmadaḥ ,

आश्रमः श्रमणः क्षामः
सुपर्णो वायुवाहनः ॥ ९१ ॥

āśramaḥ śramaṇaḥ kṣāmaḥ suparṇo vāyu-vāhanaḥ . 91.

धनुर्धरो धनुर्वेदो

दण्डो दमयिता दमः ।

dhanur-dharo dhanur-vedo daṇḍo damayitā damaḥ ,

अपराजितः सर्वसहो

नियन्ताऽनियमोऽयमः ॥ ९२ ॥

aparājitaḥ sarva-saho niyantā-'niyamo-'yamaḥ . 92.

सत्त्ववान् सात्त्विकः सत्यः

सत्यधर्मपरायणः ।

sattva-vān sātt-vikaḥ satyaḥ satya-dharma-parāyaṇaḥ ,

अभिप्रायः प्रियार्होऽर्हः

प्रियकृत् प्रीतिवर्धनः ॥ ९३ ॥

abhiprāyaḥ priyārho-'rhaḥ priya-kṛt prīti-vardhanaḥ . 93.

विहायसगतिर्ज्योतिः
सुरुचिर्हुतभुग्विभुः ।
vihāya-sagatir-jyotiḥ surucir-huta-bhug-vibhuḥ ,
रविर्विरोचनः सूर्यः
सविता रविलोचनः ॥ ९४ ॥
ravir-virocanaḥ sūryaḥ savitā ravi-locanaḥ . 94.

अनन्तो हुतभुग्भोक्ता
सुखदो नैकजोऽग्रजः ।
ananto huta-bhug-bhoktā sukhado naikajo-'grajaḥ ,
अनिर्विण्णः सदामर्षी
लोकाधिष्ठानमद्भुतः ॥ ९५ ॥
anirviṇṇaḥ sadā-marṣī lokā-dhiṣṭh-ānam-adbhutaḥ . 95.

सनात्सनातनतमः

कपिलः कपिरव्ययः ।

sanāt-sanātanatam-aḥ kapilaḥ kapir-avyayaḥ ,

स्वस्तिदः स्वस्तिकृत्स्वस्ति

स्वस्तिभुक्स्वस्तिदक्षिणः ॥ ९६ ॥

svasti-daḥ svasti-kṛt-svasti svasti-bhuk-svasti-dakṣiṇaḥ . 96.

अरौद्रः कुण्डली चक्री

विक्रम्यूर्जितशासनः ।

araudraḥ kuṇḍalī cakrī vikramy-ūrjita-śāsanaḥ ,

शब्दातिगः शब्दसहः

शिशिरः शर्वरीकरः ॥ ९७ ॥

śabdātig-aḥ śabda-sahaḥ śiśiraḥ śarva-rīkaraḥ . 97.

अक्रूरः पेशलो दक्षो
दक्षिणः क्षमिणांवरः ।
akrūraḥ peśalo dakṣo dakṣiṇaḥ kṣami-ṇāṁ-varaḥ ,
विद्वत्तमो वीतभयः
पुण्यश्रवणकीर्तनः ॥ ९८ ॥
vid-vattamo vīta-bhayaḥ puṇya-śravaṇa-kīrtanaḥ . 98.

उत्तारणो दुष्कृतिहा
पुण्यो दुःस्वप्ननाशनः ।
uttāraṇo duṣ-kṛtihā puṇyo duḥ-svapna-nāśanaḥ ,
वीरहा रक्षणः सन्तो
जीवनः पर्यवस्थितः ॥ ९९ ॥
vīrahā rakṣaṇaḥ santo jīvanaḥ parya-vasthitaḥ . 99.

अनन्तरूपोऽनन्तश्री
र्जितमन्युर्भयापहः ।

ananta-rūpo-'nanta-śrīr-jitamanyur-bhayā-pahaḥ ,

चतुरश्रो गभीरात्मा
विदिशो व्यादिशो दिशः ॥ १०० ॥

catur-aśro gabhīr-ātmā vidiśo vyā-diśo diśaḥ . 100.

अनादिर्भूर्भुवो लक्ष्मीः
सुवीरो रुचिराङ्गदः ।

anādir-bhūr-bhuvo lakṣmīḥ suvīro rucir-āṅgadaḥ ,

जननो जनजन्मादिर्भीमो
भीमपराक्रमः ॥ १०१ ॥

janano jana-janmādir-bhīmo bhīma-parākramaḥ . 101.

आधारनिलयोऽधाता

पुष्पहासः प्रजागरः ।

ādhāra-nilayo-'dhātā puṣpa-hāsaḥ prajā-garaḥ ,

ऊर्ध्वगः सत्पथाचारः

प्राणदः प्रणवः पणः ॥ १०२ ॥

ūrdh-vagaḥ sat-path-ācāraḥ
prāṇa-daḥ praṇavaḥ paṇaḥ . 102.

प्रमाणं प्राणनिलयः

प्राणभृत्प्राणजीवनः ।

pramāṇaṁ prāṇa-nilayaḥ prāṇa-bhṛt-prāṇa-jīvanaḥ ,

तत्त्वं तत्त्वविदेकात्मा

जन्ममृत्युजरातिगः ॥ १०३ ॥

tattvaṁ tattva-vid-ekātmā janma-mṛtyu-jarātigaḥ . 103.

भूर्भुवःस्वस्तरुस्तारः

सविता प्रपितामहः ।

bhūr-bhuvaḥ-svasta-rus-tāraḥ savitā prapi-tāmahaḥ ,

यज्ञो यज्ञपतिर्यज्वा

यज्ञाङ्गो यज्ञवाहनः ॥ १०४ ॥

yajño yajña-patir-yajvā yajñ-āṅgo yajña-vāhanaḥ . 104.

यज्ञभृद् यज्ञकृद् यज्ञी

यज्ञभुग् यज्ञसाधनः ।

yajña-bhṛd yajña-kṛd yajñī yajña-bhug yajña-sādhanaḥ ,

यज्ञान्तकृद् यज्ञगुह्यमन्नमन्नाद

एव च ॥ १०५ ॥

yajñ-ānta-kṛd yajña-guhyam-annam-annāda eva ca . 105.

आत्मयोनिः स्वयञ्जातो
वैखानः सामगायनः ।

ātma-yoniḥ svayañ-jāto vai-khānaḥ sāma-gāyanaḥ ,

देवकीनन्दनः स्रष्टा
क्षितीशः पापनाशनः ॥ १०६ ॥

devakī-nandanaḥ sraṣṭā kṣitīśaḥ pāpa-nāśanaḥ . 106.

शङ्खभृन्नन्दकी चक्री
शार्ङ्गधन्वा गदाधरः ।

śaṅkha-bhṛnnanda-kī cakrī śārṅga-dhanvā gadā-dharaḥ ,

रथाङ्गपाणिरक्षोभ्यः
सर्वप्रहरणायुधः ॥ १०७ ॥

rathāṅga-pāṇir-akṣobhyaḥ sarva-praharaṇ-āyudhaḥ . 107.

सर्वप्रहरणायुध ॐ नम इति

sarva-praharaṇ-āyudha om nama iti

वनमाली गदी शार्ङ्गी

शङ्खी चक्री च नन्दकी ।

vanamālī gadī śārṅgī śaṅkhī cakrī ca nandakī ,

श्रीमान् नारायणो

विष्णुर्वासुदेवोऽभिरक्षतु ॥ १०८ ॥

śrīmān nārāyaṇo viṣṇur-vāsudevo-'bhirakṣatu . 108.

श्री वासुदेवोऽभिरक्षतु ॐ नम इति

śrī vāsudevo-'bhirakṣatu om nama iti

Today's Date : ________________

Śrī-viṣṇu-sahasra-nāma-stotram

उत्तर भागः

uttara bhāgaḥ

भीष्म उवाच :

bhīṣma uvāca :

इतीदं कीर्तनीयस्य

केशवस्य महात्मनः ।

itīdaṁ kīrtanīyasya keśavasya mahātmanaḥ ,

नाम्नां सहस्रं दिव्यानाम

शेषेण प्रकीर्तितम् ॥ १ ॥

nāmnāṁ sahasraṁ divyānām-aśeṣeṇa prakīrtitam . 1.

य इदं शृणुयान्नित्यं

यश्चापि परिकीर्तयेत् ।

ya idaṁ śṛṇuyānnityaṁ yaścāpi parikīrtayet ,

नाशुभं प्राप्नुयात्किञ्चित्सोऽमुत्रेह

च मानवः ॥ २ ॥

nāśubhaṁ prāpnuyāt-kiñcit-so'mutreha ca mānavaḥ . 2.

वेदान्तगो ब्राह्मणः
स्यात्क्षत्रियो विजयी भवेत् ।

vedāntago brāhmaṇaḥ syātkṣatriyo vijayī bhavet ,

वैश्यो धनसमृद्धः स्याच्छूद्रः
सुखमवाप्नुयात् ॥ ३ ॥

vaiśyo dhana-samṛddhaḥ syācchūdraḥ
sukham-avāpnuyāt . 3.

धर्मार्थी प्राप्नुयाद्धर्ममर्थार्थी
चार्थमाप्नुयात् ।

dharmārthī prāpnuyād-dharmam-arthārthī-
cārtham-āpnuyāt ,

कामानवाप्नुयात्कामी
प्रजार्थी प्राप्नुयात्प्रजाम् ॥ ४ ॥

kāmān-avāpnuyāt-kāmī prajārthī prāpnuyāt-prajām . 4.

भक्तिमान् यः सदोत्थाय

शुचिस्तद्गतमानसः ।

bhaktimān yaḥ sadotthāya śucis-tad-gata-mānasaḥ ,

सहस्रं वासुदेवस्य

नाम्नामेतत्प्रकीर्तयेत् ॥ ५ ॥

sahasraṁ vāsudevasya nāmnām-etat-prakīrtayet . 5.

यशः प्राप्नोति विपुलं

ज्ञातिप्राधान्यमेव च ।

yaśaḥ prāpnoti vipulaṁ jñāti-prādhānyam-eva ca ,

अचलां श्रियमाप्नोति

श्रेयः प्राप्नोत्यनुत्तमम् ॥ ६ ॥

acalāṁ śriyam-āpnoti śreyaḥ prāpnoty-anuttamam . 6.

न भयं क्वचिदाप्नोति

वीर्यं तेजश्च विन्दति ।

na bhayaṁ kvacid-āpnoti vīryaṁ tejaśca vindati ,

भवत्यरोगो

द्युतिमान्बलरूपगुणान्वितः ॥ ७ ॥

bhavatya-rogo dyutimān-bala-rūpa-guṇān-vitaḥ . 7.

रोगार्तो मुच्यते रोगाद्बद्धो

मुच्येत बन्धनात् ।

rogārto mucyate rogād-baddho mucyeta bandhanāt ,

भयान्मुच्येत भीतस्तु

मुच्येतापन्न आपदः ॥ ८ ॥

bhayān-mucyeta bhītastu mucyet-āpanna āpadaḥ . 8.

दुर्गाण्यतितरत्याशु

पुरुषः पुरुषोत्तमम् ।

durgāṇy-atitar-atyāśu puruṣaḥ puruṣottamam ,

स्तुवन्नामसहस्रेण

नित्यं भक्तिसमन्वितः ॥ ९ ॥

stuvan-nāma-sahasreṇa nityaṁ bhakti-samanvitaḥ . 9.

वासुदेवाश्रयो मर्त्यो वासुदेवपरायणः ।

vāsudev-āśrayo martyo vāsudeva-parāyaṇaḥ ,

सर्वपापविशुद्धात्मा याति

ब्रह्म सनातनम् ॥ १० ॥

sarva-pāpa-viśuddh-ātmā yāti brahma sanātanam . 10.

न वासुदेवभक्तानामशुभं
विद्यते क्वचित् ।

na vāsudeva-bhaktā-nām-aśubhaṁ vidyate kvacit ,

जन्ममृत्युजराव्याधिभयं
नैवोपजायते ॥ ११ ॥

janma-mṛtyu-jarā-vyādhi-bhayaṁ naivo-pajāyate . 11.

इमं स्तवमधीयानः
श्रद्धाभक्तिसमान्वितः ।

imaṁ ṣtavam-adhīyānaḥ śraddhā-bhakti-samanvitaḥ ,

युज्येतात्मसुखक्षान्ति
श्रीधृतिस्मृतिकीर्तिभिः ॥ १२ ॥

yujyetātma-sukha-kṣānti-śrī-dhṛti-smṛti-kīrtibhiḥ . 12.

न क्रोधो न च मात्सर्यं
न लोभो नाशुभा मतिः ।
na krodho na ca mātsaryaṁ na lobho nāśubhā matiḥ ,
भवन्ति कृत पुण्यानां भक्तानां
पुरुषोत्तमे ॥ १३ ॥
bhavanti kṛta puṇyā-nāṁ bhaktā-nāṁ puruṣ-ottame . 13.

द्यौः सचन्द्रार्कनक्षत्रा
खं दिशो भूर्महोदधिः ।
dyauḥ sacandrārka-nakṣatrā
khaṁ diśo bhūr-maho-dadhiḥ ,
वासुदेवस्य वीर्येण
विधृतानि महात्मनः ॥ १४ ॥
vāsudevasya vīryeṇa vidhṛtāni mahāt-manaḥ . 14.

ससुरासुरगन्धर्वं सयक्षोरगराक्षसम् ।

sasur-āsura-gandharvaṁ sayakṣo-raga-rākṣasam ,

जगद्वशे वर्ततेदं कृष्णस्य

सच्चराचरम् ॥ १५ ॥

jagad-vaśe vartat-edaṁ kṛṣṇasya sacarā-caram . 15.

इन्द्रियाणि मनो बुद्धिः

सत्त्वं तेजो बलं धृतिः ।

indriyāṇi mano buddhiḥ sattvaṁ tejo balaṁ dhṛtiḥ ,

वासुदेवात्मकान्याहुः

क्षेत्रं क्षेत्रज्ञ एव च ॥ १६ ॥

vāsudev-ātmakān-yāhuḥ kṣetraṁ kṣetrajña eva ca . 16.

सर्वागमानामाचारः

प्रथमं परिकल्पते ।

sarvā-gamān-āmācāraḥ prathamaṁ parikalpate ,

आचारप्रभवो धर्मो

धर्मस्य प्रभुरच्युतः ॥ १७ ॥

ācāra-prabhavo dharmo dharmasya prabhur-acyutaḥ . 17.

ऋषयः पितरो देवा

महाभूतानि धातवः ।

ṛṣayaḥ pitaro devā mahā-bhūtāni dhātavaḥ ,

जङ्गमाजङ्गमं चेदं

जगन्नारायणोद्भवम् ॥ १८ ॥

jaṅgam-ājaṅgamaṁ cedaṁ jagan-nārāyaṇ-odbhavam . 18.

योगो ज्ञानं तथा साङ्ख्यं
विद्याः शिल्पादि कर्म च ।

yogo jñānaṁ tathā sāṅkhyaṁ vidyāḥ śilpādi karma ca ,

वेदाः शास्त्राणि विज्ञानमेतत्सर्वं
जनार्दनात् ॥ १९ ॥

vedāḥ śāstrāṇi vijñānam-etat-sarvaṁ janārdanāt . 19.

एको विष्णुर्महद्भूतं
पृथग्भूतान्यनेकशः ।

eko viṣṇur-mahad-bhūtaṁ pṛthag-bhūtāny-anekaśaḥ ,

त्रींल्लोकान्व्याप्य भूतात्मा भुङ्क्ते
विश्वभुगव्ययः ॥ २० ॥

trīṁ-llokān-vyāpya bhūt-ātmā bhuṅkte
viśvabhug-avyayaḥ . 20.

इमं स्तवं भगवतो
विष्णोर्व्यासेन कीर्तितम् ।

imaṁ stavaṁ bhagavato viṣṇor-vyāsena kīrtitam ,

पठेद्य इच्छेत्पुरुषः श्रेयः
प्राप्तुं सुखानि च ॥ २१ ॥

paṭhedya icchet-puruṣaḥ śreyaḥ prāptuṁ sukhāni ca . 21.

विश्वेश्वरमजं देवं जगतः प्रभुमव्ययम् ।

viś-veśvaram-ajaṁ devaṁ jagataḥ prabhum-avyayam ,

भजन्ति ये पुष्कराक्षं
न ते यान्ति पराभवम् ॥ २२ ॥

bhajanti ye puṣkar-ākṣaṁ na te yānti parā-bhavam . 22.

न ते यान्ति पराभवम् ॐ नम इति

na te yānti parā-bhavam om nama iti

अर्जुन उवाच :

arjuna uvāca ;

पद्म पत्र विशालाक्ष पद्मनाभ सुरोत्तम ।

padma patra viśāl-ākṣa padma-nābha sur-ottama ,

भक्तानामनुरक्तानां

त्राता भव जनार्दन ॥ २३ ॥

bhaktā-nām-anuraktā-nāṁ trātā bhava janārdana . 23.

श्रीभगवानुवाच :

śrībhagavānuvāca :

यो मां नामसहस्रेण

स्तोतुमिच्छति पाण्डव ।

yo māṁ nāma-sahasreṇa stotum-icchati pāṇḍava ,

सोहऽमेकेन श्लोकेन

स्तुत एव न संशयः ॥ २४ ॥

soha'm-ekena ślokena stuta eva na saṁśayaḥ . 24.

स्तुत एव न संशय ॐ नम इति

stuta eva na saṁśaya om nama iti

व्यास उवाच :

vyāsa uvāca :

वासनाद्वासुदेवस्य वासितं भुवनत्रयम् ।

vāsanād-vāsudevasya vāsitaṁ bhuvana-trayam ,

सर्वभूतनिवासोऽसि

वासुदेव नमोऽस्तु ते ॥ २५ ॥

sarva-bhūta-nivāso'si vāsudeva namo'stu te . 25.

श्री वासुदेव नमोऽस्तुत ॐ नम इति

śrī vāsudeva namo'stuta om nama iti

पार्वत्युवाच :

pārvatyuvāca :

केनोपायेन लघुना

विष्णोर्नामसहस्रकम् ।

ken-opāyena laghunā viṣṇor-nāma-sahasrakam ,

पठ्यते पण्डितैर्नित्यं

श्रोतुमिच्छाम्यहं प्रभो ॥ २६ ॥

paṭhyate paṇḍitair-nityaṁ śrotum-icchām-yahaṁ prabho . 26.

ईश्वर उवाच :

īśvara uvāca :

श्रीराम राम रामेति
रमे रामे मनोरमे ।

śrīrāma rāma rāmeti rame rāme manorame ,

सहस्रनाम तत्तुल्यं
राम नाम वरानने ॥ २७ ॥

sahasra-nāma tattulyaṁ rāma nāma varānane .27.

श्रीरामनाम वरानने ॐ नम इति

śrīrāmanāma varānane om nama iti

ब्रह्मोवाच :

brahmovāca :

नमोऽस्त्वनन्ताय सहस्रमूर्तये

namo 'stv anantāya sahasra-mūrtaye

सहस्रपादाक्षिशिरोरुबाहवे ।

sahasra-pādākṣi-śiroru-bāhave ,

सहस्रनाम्ने पुरुषाय शाश्वते

sahasranāmne puruṣāya śāśvate

सहस्रकोटियुगधारिणे नमः ॥ २८ ॥

sahasra-koṭi-yuga-dhāriṇe namaḥ . 28.

सहस्रकोटियुगधारिणे ॐ नम इति

sahasra-koṭi-yuga-dhāriṇe om nama iti

ॐ तत्सदिति श्रीमहाभारते

om tatsad-iti śrī-mahābhārate

शतसाहस्र्यां संहितायां

śata-sāhasryāṁ saṁhitāyāṁ

वैयासिक्यामानुशासनिके

vaiyās-ikyā-mānuś-āsanike

पर्वाणि भीष्मयुधिष्ठिरसंवादे

parvaṇi bhīṣma-yudhiṣṭhira-saṁvāde

श्रीविष्णोर्दिव्यसहस्रनामस्तोत्रम् ॥

śrī-viṣṇor-divya-sahasra-nāma-stotram .

सञ्जय उवाच :

sañjaya uvāca :

यत्र योगेश्वरः कृष्णो

यत्र पार्थो धनुर्धरः ।

yatra yogeśvaraḥ kṛṣṇo
yatra pārtho dhanur-dharaḥ ,

तत्र श्रीर्विजयो भूतिर्ध्रुवा

नीतिर्मतिर्मम ॥ २९ ॥

tatra śrīrvijayo bhūtir-dhruvā nītir-matir-mama . 29.

श्रीभगवानुवाच :

śrībhagavānuvāca :

अनन्याश्चिन्तयन्तो मां

ये जनाः पर्युपासते ।

ananyāś-cintayanto māṁ ye janāḥ paryupāsate ,

तेषां नित्याभियुक्तानां

योगक्षेमं वहाम्यहम् ॥ ३० ॥

teṣāṁ nityā-bhiyuktānāṁ yoga-kṣemaṁ vahāmya-ham . 30.

परित्राणाय साधूनां

विनाशाय च दुष्कृताम् ।

paritrāṇāya sādhūnāṁ vināśāya ca duṣkṛtām ,

धर्मसंस्थापनार्थाय

सम्भवामि युगे युगे ॥ ३१ ॥

dharma-saṁsthāpan-ārthāya sam-bhavāmi yuge yuge . 31.

आर्ताः विषण्णाः शिथिलाश्च भीताः
घोरेषु च व्याधिषु वर्तमानाः ।

ārtāḥ viṣaṇṇāḥ śithilāśca bhītāḥ
ghoreṣu ca vyādhiṣu vartamānāḥ ,

सङ्कीर्त्य नारायणशब्दमात्रं
विमुक्तदुःखाः सुखिनो भवन्तु ॥ ३२ ॥

saṅkīrtya nārāyaṇa-śabda-mātraṁ
vimukta-duḥkhāḥ sukhino bhavantu . 32.

कायेन वाचा मनसेन्द्रियैर्वा
बुद्ध्यात्मना वा प्रकृतेः स्वभावात्।

kāyena vācā manas-endriyair-vā
buddhy-ātmanā vā prakṛteḥ sva-bhāvāt,

करोमि यद्यत् सकलं परस्मै
नारायणायेति समर्पयामि ॥ ३३ ॥

karomi yad-yat sakalaṁ parasmai nārāyaṇ-āyeti
samar-payāmi . 33.

इति
श्रीविष्णोर्दिव्यसहस्रनामस्तोत्रं
सम्पूर्णम्

iti
śrī-viṣṇor-divya-sahasra-nāma-stotraṁ
sam-pūrṇam

श्रीरामचन्द्रचरणौ मनसा स्मरामि
श्रीरामचन्द्रचरणौ वचसा गृणामि ।
श्रीरामचन्द्रचरणौ शिरसा नमामि
श्रीरामचन्द्रचरणौ शरणं प्रपद्ये ॥

śrī rāma candra caraṇau manasā smarāmi
śrī rāma candra caraṇau vacasā gṛṇāmi ,
śrī rāma candra caraṇau śirasā namāmi
śrī rāma candra caraṇau śaraṇaṁ prapadye .

माता रामो मत्पिता रामचन्द्रः
स्वामी रामो मत्सखा रामचन्द्रः ।
सर्वस्वं मे रामचन्द्रो दयालु
र्नान्यं जाने नैव जाने न जाने ॥

mātā rāmo mat pitā rāma candraḥ
svāmī rāmo mat sakhā rāma candraḥ ,
sarva svaṁ me rāma candro dayālu
rnā nyaṁ jāne naiva jāne na jāne .

राम
राम
राम
राम
राम
राम
राम
राम
राम
राम
राम
राम
राम
राम
राम
राम
राम
राम
राम
राम
राम
राम
राम
राम
राम
राम
राम
राम

श्रीराम राम रामेति
रमे रामे मनोरमे।
सहस्त्रनाम तत्तुल्यं
राम नाम वरानने

śrīrāma rāma rāmeti rame rāme manorame ,
sahasranāma tattulyaṁ rāma nāma varānane

Guide to Pronunciation

The following points will prove useful in learning to pronounce Devnāgrī words.

VOWELS

- Vowels are written in Standalone form, or in Mātrā form with a consonant.

Trans-literation	Devnāgrī Vowel in Standalone-Form	Description	Devnāgrī vowel in Mātrā-Form (examples shown with consonant म)
a	अ	Vowel, short 'a', sounds like the **u** in sum	म
ā	आ	Vowel, long 'a', sounds like the **a** in saga	मा
i	इ	Vowel, short 'i', sounds like the i in sit	मि
ī	ई	Vowel, long 'i', sounds like the **ee** in seek	मी
u	उ	Vowel, short 'u', sounds like the **u** in super	मु
ū	ऊ	Vowel, long 'u', sounds like the **oo** in soot	मू
e	ए	Vowel, short 'ai', sounds like the **ay** in say	मे
ai	ऐ	Vowel, long 'ai', sounds like the **a** in sag	मै
o	ओ	Vowel, short 'o', sounds like the **o** in soul	मो
au	औ	Vowel, long 'o', sounds like the **aw** in saw	मौ

- Short vowels (**a, i, u, e, o**) are pronounced a certain way and their long equivalents (**ā, ī, ū, ai, au**) receive additional stress on those short sounds.

- ऋ (**ṛ**) is another vowel. In Mātrā form it is written as the curve below some constant; e.g. कृ - k**ṛ** ('crunch').

- **ṃ ṁ m̐** are modifiers which have the effect of nasalizing the preceding sound.

- **ḥ** is a vowel modifier: a rough breathing that causes the preceding vowel to echo.

CONSONANTS

For the most part Consonants sound just as in English; but do please be cognizant of the following:

- Devnāgrī Consonants are mostly pronounced with the inherent sound of short **a** at the end*, unless another vowel modifies that sound. e.g. consider म-ma ('**mu**st') versus the vowel modified म-m like: मा-mā ('**mar**k'), मि-mi ('**mi**ss'), मी-mī ('**mee**k'), मु-mu ('**mu**dra'), मू-mū ('**moo**n') , मे-me ('**may**') , मै-mai ('**ma**n') , मो-mo ('**mo**re') , मौ-mau ('**mau**l'), मं-maṁ ('**mum**').

*Exception: A Devnāgrī consonant in its pristine form (e.g. म् [in rare use and] which has a diacritic mark) or a half form (e.g. सम्मान) will not have the sound of short vowel 'a' at end.

- **c** is always pronounced like the **ch** in **ch**uck. [so then expect words like clear written as klear]

- **ch** may also be approximated to **c** but with added aspiration like in the sneezing sound.

- **d** is soft like in **th**us.

- **ḍ** is hard like in **d**ust.

- **g** is hard like in **g**ranite.

- **ṅ** sounds approx. like the **ng** in hu**ng**.

- **ñ** is the ny sounds like the **ni** in o**ni**on.

- **s** without the diacritic is like the normal **s**, as in **s**um.

- **ś** and **ṣ** have very subtle difference that may be ignored, and can be approximated to the **sh** in **sh**ut.

- **ṭ** is hard like in **t**ough.

- **t** is soft. Difficult to approximate but try saying **t**hird without the h.

- Unlike English, Devnāgrī distinguishes between un-aspirated consonant and aspirated consonants (with a succeeding **h)**. So we have **bh, ch, dh, ḍh, gh, jh, kh, ph, th, ṭh** etc.

www.ingramcontent.com/pod-product-compliance
Lightning Source LLC
Chambersburg PA
CBHW051754100526
44591CB00017B/2694
* 9 7 8 1 9 4 5 7 3 9 8 3 5 *